AF399825

EL PRINCIPIO DE PARETO

Optimice su negocio con la regla del 80/20

Por Antoine Delers
En colaboración con Isabelle Van Steenkiste
Traducido por Marina Martín Serra

Economía y empresa 50MINUTOS.es

LAS CLAVES PARA EL ÉXITO

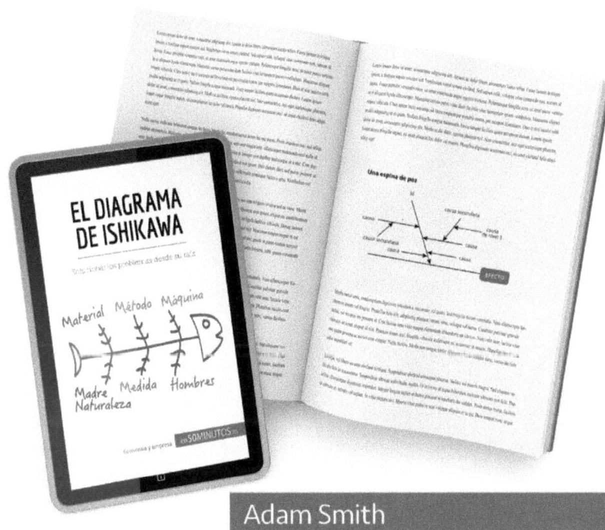

Adam Smith

El principio de Pareto

El estrés laboral

La pirámide de Maslow

www.50minutos.es

EL PRINCIPIO DE PARETO   9

Datos clave
Introducción

TEORÍA Y PRESENTACIÓN DEL CONCEPTO   15

Contexto inicial
Aplicaciones en la empresa
Y si la regla fuera una norma
Beneficios del modelo de Pareto

LÍMITES DEL MODELO Y EXTENSIONES   27

Límites y críticas del modelo
Extensiones y modelos relacionados

APLICACIÓN DEL CONCEPTO   35

Preparación de la base de datos
Creación del diagrama
Identificación del 20% más importante
¿Qué medidas hay que adoptar?
Estudio de caso – Una cadena de fabricación
Conclusión

EN RESUMEN   55

PARA IR MÁS ALLÁ   59

EL PRINCIPIO DE PARETO

DATOS CLAVE

- **¿Denominaciones?** Ley de Pareto o regla del 80/20.
- **¿Utilidad?**
  - En economía: ayuda a la gestión empresarial (gestión de calidad, de clientes, de producción, de existencias, de recursos humanos, etc.), elaboración de estrategias comerciales y de *marketing*, etc.
  - En física, en sociología y en estadística, así como en el ámbito privado (gestión del tiempo, organización de tareas, etc.).
- **¿Por qué es eficaz?** Según el principio de Pareto, «el 80 % de los efectos son el producto del 20 % de las causas». Esta proporción permite identificar rápidamente la parte esencial de una actividad. El modelo está presente en muchos ámbitos de la vida cotidiana, entre ellos el mundo de la empresa —por ejemplo, cuando esta desea identificar los clientes que

generan más beneficios—. Si la proporción 80/20 se respeta, la empresa puede dedicarse al 20 % de los clientes que generan el 80 % de su volumen de negocios con tal de fidelizarlos para conservarlos.

- **¿Palabras clave?** Vilfredo Pareto, principio de Pareto, regla del 80/20, regla ABC, volumen de negocios (VN), Joseph Juran, gestión del tiempo, relación con los clientes, *marketing* relacional, RFM, diagrama de Pareto, larga cola, óptimo de Pareto.

INTRODUCCIÓN

Historia

La ley de Pareto es un principio de análisis y de apoyo a la toma de decisiones formulado por Vilfredo Pareto (1848-1923) a finales del siglo XIX, más concretamente en 1897. Este economista y sociólogo italiano, que realiza sus estudios en la Escuela Politécnica de Turín (Italia), es considerado el padre fundador de lo que llamamos hoy «el principio de Pareto». Pareto estudia la riqueza de su país y constata que el 20 % de sus habitantes concentra el 80 % de la riqueza total.

Entonces aplica esta ley a otros Estados —como Rusia, Francia y Suiza— y obtiene los mismos resultados.

Sin embargo, la regla del 80/20 no se reconoce y atribuye a Vilfredo Pareto hasta los años cuarenta, gracias a Joseph Juran (1904-2008), un ingeniero estadounidense que trabajaba en la gestión de calidad.

Definición del modelo

La teoría de Pareto resulta de una observación según la que el 20 % de las causas producen el 80 % de los efectos. Dicho de otra forma, en el mundo de los negocios, el 20 % de los clientes son responsables del 80 % del volumen de negocios. Así, identificando este 20 %, que corresponde a los clientes más importantes, las empresas les pueden dedicar más atención y con esto ganar tiempo y dinero. Según Joseph Juran, la ley de Pareto tiene una aplicación universal en el ámbito de la empresa y la podemos encontrar en todos los sectores de la sociedad. Incluso está presente en la mayor parte de los aspectos de la vida cotidiana. No obstante, veremos que tanto en la empresa como en los otros ámbitos, esta proporción 80/20 no siempre se respeta. A pesar de todo, sirve para ofrecer una idea de la realidad.

TEORÍA Y PRESENTACIÓN DEL CONCEPTO

CONTEXTO INICIAL

En los años cuarenta, Joseph Juran se da cuenta de que una minoría de los defectos identificados causa la mayoría de los problemas en la cadena de producción. Reconoce rápidamente la proporción 80/20 (el 80 % de los problemas están causados por el 20 % de los defectos) y atribuye esta teoría a Vilfredo Pareto a principios del siglo XX. A lo largo de sus investigaciones sobre la gestión de la calidad, Joseph Juran demuestra que puede separar las causas en dos grupos: lo que es vital por un lado —en nuestro caso el 20 % de los defectos—, y lo que es secundario por otro lado —que representa el 80 % restante—. Aislando los defectos considerados como más problemáticos, es decir, los que generan el 80 % de los problemas, Joseph Juran puede centrarse más en estos y así reducir significativamente los problemas hallados en la cadena de producción.

APLICACIONES EN LA EMPRESA

Hoy en día, el principio de Pareto tiene muchas aplicaciones en la empresa, pero también en los ámbitos de la gestión personal y de la búsqueda de la eficacia. Las aplicaciones en la empresa también pueden concernir tanto a la gestión de clientes como a la gestión de recursos humanos, imaginando que el 20 % de los empleados realizan el 80 % del trabajo, pero también a la estrategia comercial, sabiendo que el 20 % de los productos generan el 80 % de los beneficios. En esta sección abordaremos más en profundidad la aplicación de este principio en el ámbito de la empresa. Los siguientes puntos presentan sus diversos usos de manera clara y sucinta para ayudarle a comprender mejor la ley de Pareto.

Pareto como herramienta de *marketing* relacional

Una de las aplicaciones más relevantes del principio de Pareto concierne a la gestión de clientes de una empresa. Numerosos estudios muestran que, efectivamente, el 20 % de los clientes representan el 80 % del volumen de negocios, lo que convierte a estos clientes en los más importantes de la empresa. Por consiguiente, hay que conseguir su fidelización para asegurar la máxima retención posible. Esto se consigue principalmente a través del *marketing* relacional.

¿SABÍAS QUE...?

El *marketing* relacional es una herramienta que permite crear y mantener una relación entre una marca y sus clientes mediante la concesión de regalos o descuentos, o incluso mediante invitaciones o consejos. El objetivo es desarrollar una relación duradera con los clientes, ya que los costes de retención son menores que los costes de adquisición de nuevos clientes.

Existe otra aplicación del principio de Pareto en la gestión de la relación con los clientes: el 20 % de los clientes presentan el 80 % de las reclamaciones. Si este 20 % se refiere a los mismos clientes que en el ejemplo anterior, la empresa no tendrá dificultades en satisfacer sus demandas, puesto que ya persigue el objetivo de fidelizarlos. Desgraciadamente, a menudo esto no es así: el 20 % de los clientes importantes no suele coincidir con los que presentan el 80 % de las reclamaciones. En este caso, para la empresa es más difícil identificar con claridad cada categoría de clientes y dedicarles la mayor parte de su atención. Por eso, le hará falta definir sus prioridades y escoger entre su volumen de negocios y la gestión de las reclamaciones (generando la satisfacción de los clientes).

Pareto como herramienta de control de calidad

Una segunda aplicación, utilizada en especial por Joseph Juran, es la del control y la gestión de la calidad en la cadena de producción. Si el 20 % de los defectos causan el 80 % de los problemas, entonces a la empresa le interesa esforzarse para arreglar los defectos en cuestión con tal de mejorar la calidad. Hay otras aplicaciones del mismo tipo que son igualmente válidas:

- el 20 % del tiempo de ajuste de las máquinas arregla el 80 % de los problemas;
- el 20 % de la cadena de producción produce el 80 % del producto final.

Otros usos de Pareto

- Herramienta de gestión personal: el 20 % de nuestro trabajo produce el 80 % de nuestros resultados.
- Herramienta de gestión de riesgos: el 20 % de los riesgos conlleva al 80 % de las consecuencias.
- Herramienta de gestión logística: el 20 % de los productos genera el 80 % de los costes de almacenamiento.

- Herramienta de gestión de existencias: el 20 % de la cantidad total de productos representa el 80 % del valor total de las existencias.
- Herramienta de gestión de ventas: el 20 % de los productos genera el 80 % de los beneficios, etc.

Y SI LA REGLA FUERA UNA NORMA

¿Y si el principio de Pareto fuera una norma en las empresas hoy en día? ¿Debemos acercarnos tanto como sea posible a la proporción 80/20 para asegurar su supervivencia?

Tomemos un ejemplo ya estudiado: una empresa que, después de realizar un estudio de sus clientes, se da cuenta de que solamente el 10 % de los mismos representan el 90 % de su volumen de negocios. Su situación es, en cierto modo, muy preocupante, ya que dispone de un bajo capital de clientes importantes. Si perdiese algunos, aunque solo fuera unos pocos, el volumen de negocios se reduciría drásticamente. En este caso, alejarse de la regla del 80/20 sería muy negativo para la empresa. Existen dos soluciones:

- o decide mimar a sus clientes importantes para conservarlos (aunque esta solución simplista no resolverá sus problemas, ya que siempre dependerá de estos clientes);
- o, al tiempo que aplica la primera solución, decide fidelizar a los otros clientes para encontrar un equilibrio más estable. Aquí resulta interesante detenerse con los clientes medios para lograr que se vuelvan buenos clientes y volver a una proporción media más segura.

El segundo ejemplo muestra que alejarse de la norma no es necesariamente peligroso para una empresa. Imaginemos que esta misma empresa, después del estudio de sus clientes, se da cuenta de que no tiene ningún gran cliente y de que el 30 % de sus compradores más importantes representa el 70 % de su volumen de negocios. En este caso, la empresa se encuentra en una mejor posición que en el ejemplo precedente: está cerca de la regla del 80/20, aunque no llega al equilibrio de Pareto. Si bien es cierto que la actividad está indudablemente dispersada, la pérdida de algunos de sus clientes no le afectaría tan gravemente como en la situación de la proporción 90/10 y no sería tan dramática. Pero, atención, esto podría causar problemas a nivel del coste por cliente, ya que su número es mayor: los costes de gestión de los clientes y los de comunicación son en este caso más importantes. En esta situación, volver al equilibrio de los 80/20 aseguraría el éxito futuro.

Adaptar el método de Pareto para llegar a la proporción 80/20 no es un objetivo en sí mismo. Todo depende de la actividad de la empresa y de su sector. Una empresa de supermercados tiene, sin duda alguna, muchos pequeños clientes, conforme a su sector, mientras que un constructor aeronáutico tendrá menos clientes, pero estos serán inevitablemente más importantes. Así pues, el sector influye en la proporción de Pareto, que no se debe mantener siempre a 80/20.

personalizados. Este segundo método de acercamiento al cliente es sin duda el más interesante, pero también el que presenta los mayores costes de implementación. Finalmente, existen otros tipos de comunicación intermedios como el *marketing* diferenciado, que se dirige a une parte más o menos grande del mercado, o incluso el *marketing* concentrado, que se centra únicamente en un pequeño nicho del mercado.

BENEFICIOS DEL MODELO DE PARETO

Tener en cuenta el principio de Pareto aporta muchos beneficios. Una empresa que conozca su proporción de Pareto para cada uno de sus departamentos puede mejorar su eficacia:

- gestionando mejor sus riesgos. Conociendo los riesgos más importantes y los más fáciles de corregir, puede centrarse mejor en su *core business* (negocio principal);
- conociendo mejor a sus clientes. Así, puede definir su estrategia de comunicación y dirigirse principalmente a los consumidores más

importantes. Si conoce las características del 20 % de los clientes más importantes, como su origen, su sector en el caso de profesionales o su sexo y edad en el caso de individuos, puede dirigirse a nuevos clientes potenciales que correspondan a estas características. Si los consumidores a los que se dirige se parecen a sus mejores clientes, tiene más posibilidades de conseguir que pasen del estado de cliente potencial al de cliente;

- limitando los costes. En una cadena de producción, conocer los puestos que consumen más energía y que proporcionan el menor rendimiento puede permitir a la empresa adaptarse, suprimir o modificar los elementos más costosos;
- limitando las pérdidas de tiempo. Conociendo las actividades más productivas, un mánager puede concentrarse en ellas para mejorar su rendimiento.

LÍMITES DEL MODELO Y EXTENSIONES

LÍMITES Y CRÍTICAS DEL MODELO

El modelo de Pareto, a pesar de su carácter universal, no siempre se comprueba en todos los sectores y departamentos. Se ha trazado un primer límite en la gran distribución, ámbito en el que es poco probable que el 20 % de los clientes representen el 80 % del volumen de negocios. La ley tiene que adaptarse por consiguiente al sector y al departamento de la empresa implicados. Además, podemos emitir dos críticas más: en primer lugar, la proporción 80/20 obviamente no es siempre la que observamos en la realidad. En segundo lugar, centrarse en el 20 % no siempre es la mejor solución.

Un modelo no siempre exacto

La primera crítica relativa a este principio pone de relieve el hecho de que no se trata de una ciencia exacta. Obtener una proporción 80/20 para cada departamento de una empresa resulta imposible en la práctica. Sin embargo, no se rebate la idea original del modelo. En la teoría de Joseph Juran, los efectos deben separarse en dos partes: por un lado, una parte mínima en número, pero importante en consecuencias; y por el otro, una parte importante en número, pero limitada en consecuencias. Si no es posible delimitar con exactitud estas dos partes en 20 % y 80 %, las proporciones 10/90 o 5/95 pueden utilizarse igualmente y podrían incluso ser la norma que corresponda a una situación determinada.

Un modelo no siempre eficaz

La segunda crítica habla de la eficacia relativa del principio de Pareto. Aunque el 80 % de los productos de una empresa se vendan poco, pueden representar un margen del volumen de negocios a tener en cuenta (supongamos un 20 %). Si los costes de almacenamiento de estos productos son bajos, la empresa puede permitirse continuar vendiéndolos incluso si atraen a menos consumidores. En el punto siguiente veremos que la ley de Pareto está relacionada con otro principio importante, el de la larga cola.

EXTENSIONES Y MODELOS RELACIONADOS

El modelo ABC

El modelo ABC aporta una mejora al principio de Pareto. Este nuevo principio formula la hipótesis de que, con Pareto, no se tienen en cuenta las categorías intermedias y que es difícil juzgar su importancia. Al clasificar los efectos en tres clases (A, B y C), una empresa no descuida los efectos que son menos importantes que el primer 20 % y reconoce su importancia en términos de consecuencias. Estas clases pueden repartirse de la forma siguiente:

- Clase A: el 20 % de los clientes que representa el 80 % del volumen de negocios;
- Clase B: el 30 % de los clientes que representa el 15 % del volumen de negocios;
- Clase C: el 50 % de los clientes que representa el 5 % del volumen de negocios.

La clase B representa aquí la zona de riesgo, para la que una inversión en tiempo y dinero siempre puede ser interesante. Mientras que Pareto descuidó esta parte, el modelo ABC, más preciso, permite tener en cuenta las categorías intermedias.

La larga cola

La larga cola es un concepto relacionado con el de Pareto que además lo complementa. Reparte el volumen de negocios de una empresa en todos sus productos, incluyendo también los bienes particulares –que, a pesar de todo, representan una parte importante del volumen de negocios–, caracterizados por:

- una baja tasa de ventas por producto particular;
- una cantidad elevada de productos particulares (a menudo más del 80 % de la cantidad total de productos).

En el caso de una librería, por ejemplo, los bienes particulares designan el conjunto de las obras publicadas de las que se venden muy pocos ejemplares al año. Debido a los costes y al espacio que implica su almacenamiento, para un librero es imposible poner a la venta solamente estos libros. Así pues, tiene que centrarse en la venta de obras que se vendan bien, como los superventas, para equilibrar la balanza.

El vínculo con el principio de Pareto se encuentra en el hecho de que, en este caso, una minoría de artículos representa la mayoría de las ventas. Así, un comercio tradicional se tiene que centrar en estos productos. No obstante, los sitios web de comercio electrónico representan una excepción.

¿SABÍAS QUE...?

El comercio electrónico, igualmente llamado *e-commerce*, permite limitar los costes de almacenamiento de los productos: en este caso, no es necesario exponerlos en una tienda y, en la mayoría de los casos, ni siquiera guardarlos en un almacén. Los comerciantes electrónicos pueden entonces poner a la venta una gama de productos más amplia. El comercio electrónico permite asimismo extender su área de influencia con un coste menor.

Mientras que al seguir la ley de Pareto solo había que interesarse por el 20 % más importante, la larga cola en comercio electrónico permite tener en cuenta el 80 % restante, ya que los costes suplementarios son mínimos y el rendimiento es importante. Amazon es un buen ejemplo de utilización de la larga cola. Como sitio web de comercio electrónico, la empresa puede poner a la venta una gran cantidad de obras que hasta ese momento eran difíciles de encontrar en una tienda. Su caso ejemplifica claramente los límites de la ley de Pareto. Se ha beneficiado de los nuevos datos obtenidos a través de la llegada de Internet e ilustra el hecho de que puede ser interesante (incluso muy interesante) para algunas empresas no centrarse únicamente en el 20 % de productos más vendidos.

APLICACIÓN DEL CONCEPTO

En este capítulo vamos a poner en práctica lo que hemos aprendido hasta ahora. Para ello, empezaremos con la creación de un diagrama de Pareto, útil para identificar visualmente al 20 % más interesante. El ejemplo de un vendedor y sus clientes es voluntariamente simplista con el único fin de facilitar su comprensión. Al final de este capítulo se presentará un caso práctico más completo.

PREPARACIÓN DE LA BASE DE DATOS

La primera etapa consiste en preparar una base de datos. Dado que hay que encontrar al 20 % más importante, se aconseja clasificar los datos por orden decreciente para identificar inmediatamente los elementos interesantes.

En la primera columna hay que incluir una lista de factores que hay que observar como, por ejemplo, una lista de clientes. En la segunda, hay que hacer constar las variables que les corresponden, por ejemplo, el importe de las compras que han efectuado.

Acto seguido, debemos calcular el porcentaje de cada objeto (en este caso, de cada cliente) así como el porcentaje acumulado. Este último nos servirá para trazar una línea de porcentajes acumulados en el diagrama de Pareto. Si sumamos entonces el conjunto de los datos, el umbral del 80 % surgirá con claridad.

No siempre es fácil identificar a los clientes, sobre todo si se trata de una gran cantidad de particulares en un sector de la gran distribución. Sin embargo, las empresas pueden desarrollar métodos para conseguir una base de datos que incluya a los clientes fiables: la tarjeta de fidelidad constituye un ejemplo excelente.

Si simplificamos, tendríamos que obtener una base de datos como la siguiente:

Ejemplo de base de datos

Cliente	Importe	Porcentaje (%)	% acumulado
A	9700	24,84 %	24,84 %
B	8200	21,00 %	45,84 %
C	6900	17,67 %	63,51 %
D	4970	12,73 %	76,24 %
E	1890	4,84 %	81,08 %
F	1660	4,25 %	85,33 %
G	1540	3,94 %	89,27 %
H	1230	3,15 %	92,42 %
I	800	2,05 %	94,47 %
J	610	1,56 %	96,03 %
K	520	1,33 %	97,36 %
L	380	0,97 %	98,34 %
M	350	0,90 %	99,23 %
N	200	0,51 %	99,74 %
O	100	0,26 %	100,00 %
Total	39 050	100 %	

Este ejemplo ficticio incluye un total de 15 clientes, identificados de la letra «A» a la «O» y clasificados por orden decreciente en función del importe de las compras efectuadas (datos contenidos en la segunda columna). Por ejemplo, puede tratarse de los resultados de un vendedor a domicilio y de su cartera de clientes. La tercera columna corresponde al porcentaje de las compras de cada cliente en relación con el importe total y la cuarta calcula el porcentaje acumulado, es decir la suma de todos los porcentajes. El total de los clientes suma necesariamente el 100 % de las ventas.

Los datos en rojo corresponden al segmento del 80 % que se busca en el principio de Pareto. Tenemos efectivamente alrededor del 27 % de los clientes (4 clientes/15) que representan alrededor del 76 % del volumen de negocios. El vendedor deberá dirigir su atención hacia estos datos.

Cabe destacar que se puede aplicar la regla ABC en nuestro caso, ya que existe una categoría intermedia de la que el vendedor puede sacar provecho. Los clientes afectados (E, F, G, H, I y J) representan el 40 % de los consumidores y el 20 % del volumen de negocios: los caracteriza el color azul.

CREACIÓN DEL DIAGRAMA

Ahora hay que elaborar el diagrama (con la ayuda de Excel, por ejemplo). La gráfica que se utiliza habitualmente es el histograma combinado con una curva de valores que representa la última columna de nuestra tabla. Este paso es opcional: se pueden comentar los resultados también con una simple tabla.

La gráfica que corresponde a los datos es el siguiente:

Ejemplo de diagrama

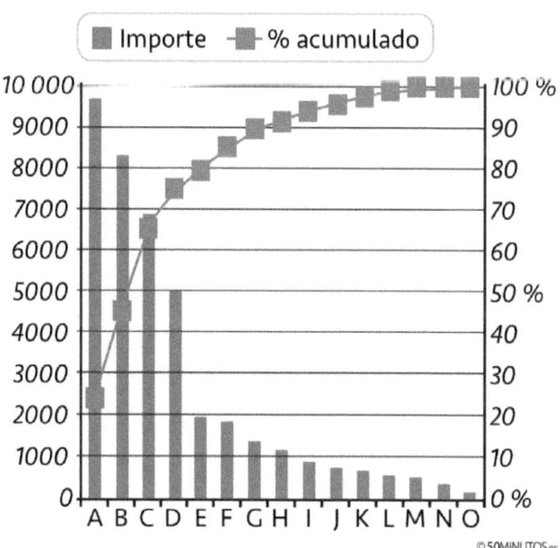

El eje de abcisas muestra a los clientes y el eje de ordenadas corresponde a los importes de las ventas. Los cuadrados azules representan el conjunto de lo que han gastado los clientes de la cartera de clientes del vendedor, mientras que la línea roja representa el porcentaje acumulado de ventas (cuyos datos se muestran en porcentaje a la derecha). Interpretaremos estos resultados en los puntos siguientes de esta sección.

lados, como una nueva serie en vuestra gráfica, cambiando el tipo de gráfica por estos datos únicamente (escogiendo, por ejemplo, la gráfica «curvas con marcas») y finalmente colocándolos en el eje secundario (a la derecha);

- configurar el diseño de la página y añadir los títulos de los ejes y del gráfico, cambiar eventualmente los colores y añadir etiquetas de datos a los ejes como, por ejemplo, la visualización de los porcentajes acumulados en la gráfica.

IDENTIFICACIÓN DEL 20% MÁS IMPORTANTE

Como tercer paso, interpretamos la gráfica (y/o tabla) para identificar el 20 % más importante. En el caso de los clientes, podemos distinguir fácilmente el total de las ventas asignadas a un cliente u otro. El resultado no corresponderá necesariamente a la regla del 80/20, pero es importante saber cuáles son los factores que actúan en el ámbito estudiado.

Primeras constataciones:

- alrededor del 27 % de los clientes (A, B, C y D) representan el 76 % del volumen de negocios (la proporción más cercana a la de Pareto);
- el vendedor tiene que centrar la mayor parte de sus esfuerzos en fidelizar a estos clientes importantes;
- el método ABC permite prestar atención a los intermedios que, en este caso, constituyen cerca del 20 % del volumen de negocios.

¿QUÉ MEDIDAS HAY QUE ADOPTAR?

Tipos de medidas

La última etapa consiste en tomar medidas en función de los resultados obtenidos para mejorar el rendimiento de las estrategias de la empresa. Las medidas pueden ser varias:

- corrección de problemas en una fábrica;
- agradecimiento a los empleados muy productivos;
- identificación de clientes potenciales;
- fidelización de los clientes, etc.

La fidelización de los clientes puede hacerse mediante publicidad, promociones personalizadas u otras estrategias de retención como, por ejemplo, una invitación a una feria comercial.

Para completar este ejemplo, podemos imaginar que nuestro vendedor a domicilio, que ha identificado a cuatro clientes y ha iniciado una estrategia de fidelización con ellos, decide buscar nuevos clientes potenciales para aumentar su volumen de negocios. Para llegar a este objetivo, podrá utilizar una herramienta llamada «segmentación RFM».

LA SEGMENTACIÓN RFM (RECENCIA, FRECUENCIA Y VALOR MONETARIO)

La segmentación RFM es un tipo de segmentación descriptiva que se basa en los comportamientos anteriores del comprador para discernir mejor los (futuros) clientes potenciales. Categoriza los perfiles de los clientes en función de tres criterios:

- la fecha de la compra. Cuanto más reciente es, más elevada es la posición que ocupa el consumidor en la clasificación;

- la frecuencia de compra. Cuanto más a menudo compra el consumidor, más elevada es la posición que ocupa en la clasificación;
- el importe/la cantidad de las compras, que coloca al cliente en la mejor categoría.

Consejos y buenas prácticas

- No sirve de nada utilizar el principio de Pareto si no queremos dedicarle tiempo.
- El método no es exacto, y no se tiene que obtener necesariamente una proporción 80/20.
- La ley de Pareto no se puede utilizar en todos los ámbitos.
- El método no tiene en cuenta a los valores intermedios.
- Como hemos visto con la larga cola en el comercio electrónico, los valores menos frecuentes pueden ser provechosos en algunos casos.

ESTUDIO DE CASO – UNA CADENA DE FABRICACIÓN

Introducción al problema

Nuestro estudio de caso ficticio se centrará en una industria y su cadena de fabricación. En esta empresa, la cadena sufre repetidas interrupciones a lo largo del año. En conjunto, estas representan un total de 1033 horas, lo que significa un poco más de un mes de inactividad. Para compensar la pérdida de horas de trabajo, el director —que observa que la dinámica no es lógica— identifica una decena de casos frecuentes en los que la cadena se detiene. Luego estima un tiempo medio de interrupción de la producción (en horas) y establece un recuento de las incidencias para cada fuente de interrupción. Utilizando el principio de Pareto, espera poder identificar los factores que perturban la cadena.

Preparación de la base de datos y de la gráfica

Base de datos de la industria estudiada

Problemas [retraso en horas]	Inciden-cias	Total (h)	%	% acumu-lado
Manteni-miento de las máquinas [7]	56	392	37,95 %	37,95 %
Recalibración [3]	87	261	25,27 %	63,21 %
Mala parametriza-ción [4]	23	92	8,91 %	72,12 %
Fuga de aceite en la máquina [7]	12	84	8,13 %	80,25 %
Agotamiento de existen-cias [12]	5	60	5,81 %	86,06 %
Cambio de mando [4]	15	60	5,81 %	91,87 %
Avería del compresor [7]	4	28	2,71 %	94,58 %

Problemas [retraso en horas]	Incidencias	Total (h)	%	% acumulado
Huelga de los empleados [24]	1	24	2,32 %	96,90 %
Avería eléctrica [1]	22	22	2,13 %	99,03 %
Avería general [2]	5	10	0,97 %	100 %
Total	230	1033	100 %	

- La primera columna presenta los problemas identificados en la fábrica. Lo que figura entre corchetes es el número medio de horas de interrupción de la cadena de producción, resultado de estos problemas.
- En la segunda columna, encontramos el número de incidencias ocasionadas por cada problema: 230 en total.
- En la tercera columna se clasifican, por orden decreciente, los resultados de la multiplicación de las incidencias por el número de horas de interrupción del trabajo, que corresponden

al número total de horas de trabajo perdidas. Estos datos servirán para trazar los cuadrados de nuestra gráfica de Pareto.

- Finalmente, la cuarta columna muestra los porcentajes en relación con el total de las horas de trabajo perdidas, mientras que la última contiene los porcentajes acumulados.

La gráfica presentada a continuación retoma los diferentes datos expuestos hasta ahora en forma de tabla: la línea roja, cuya escala se encuentra a la derecha, representa el porcentaje acumulado, mientras que los cuadrados azules representan el número de horas de retraso (eje de la izquierda) en función del problema encontrado.

Gráfica de la cadena de producción de la industria estudiada

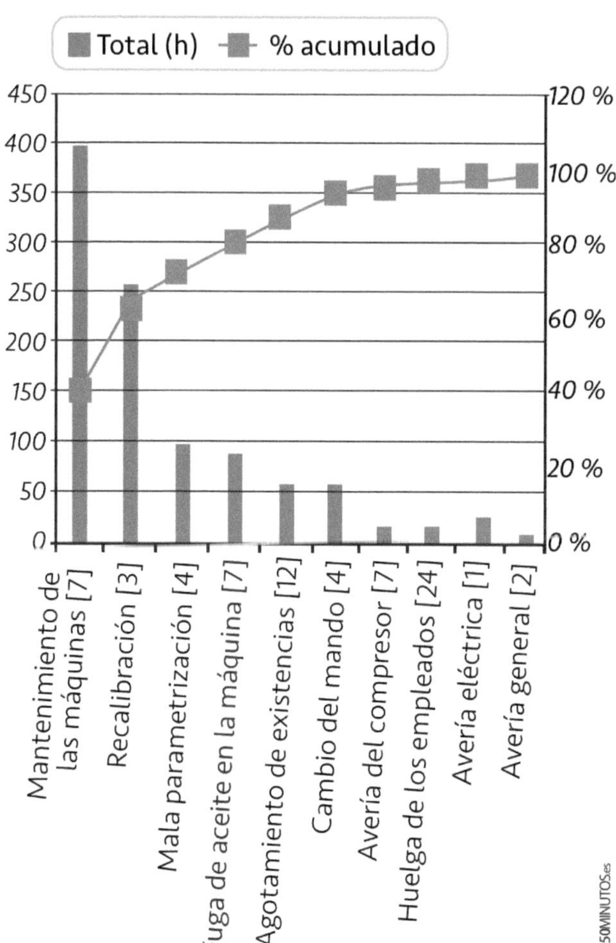

Identificación de los factores importantes

El principio de Pareto se observa particular-
mente bien en este caso, ya que una minoría de
factores provoca la mayoría de los problemas.
Más concretamente, casi el 30 % de los factores
provocan el 72 % de los retrasos en la cadena de
producción. Cabe destacar que existen dos otras
proporciones que se acercan a esta:

- teniendo en cuenta los dos problemas princi-
  pales, que representan el 20 %, el porcentaje
  de los retrasos se eleva al 63 %;
- teniendo en cuenta los cuatro problemas prin-
  cipales, que representan el 40 %, el porcentaje
  de los retrasos se eleva al 80 %.

¿Cuál es la mejor proporción? Resulta difícil res-
ponder a esta pregunta. Lo que es cierto es que
si tomamos la ratio del medio, la del 30% de los
factores que provocan el 72% de los retrasos,
nos acercamos a Pareto al máximo.

Desgraciadamente, esto no resuelve todos los
problemas, puesto que:

- en primer lugar, nos encontramos con muchos factores problemáticos que es necesario solucionar. Centrarse en el primer ratio (dos problemas) permitiría centrarse en una minoría de causas que comportan un máximo de consecuencias, lo que precisamente es el objetivo del principio de Pareto;
- en segundo lugar, si el director de la fábrica prefiere solucionar un máximo de problemas, le interesa centrarse en la tercera proporción, corrigiendo el 40 % de los problemas que causan el 80 % de los retrasos en la cadena de fabricación.

CONCLUSIÓN

En nuestro ejemplo, hemos observado una cadena de producción frenada por retrasos importantes y recurrentes. Este ejemplo, a pesar de su carácter ficticio, se puede adaptar a todos los sectores de una empresa (producción, máquinas, empleados, clientes, etc.). Si se identifican los problemas más importantes, una empresa puede encontrar soluciones adaptadas para minimizar sus esfuerzos y optimizar sus resultados.

Gracias a la ley de Pareto y al análisis ABC (que la completa), las empresas pueden pensar de una forma diferente y centrarse en los problemas más importantes mientras siguen dominando su *core business*. Puesto que partimos del principio de «el tiempo es oro», no nos costará imaginar que cada emprendedor y cada persona implicada en una empresa pueden optimizar los procesos existentes para mantener su competitividad. Lo mismo se aplica a los individuos para quienes la ley de Pareto está comprobada.

EN RESUMEN

- La ley de Pareto es un principio universal que muestra que el 20 % de las causas provocan el 80 % de las consecuencias. Mediante la identificación de estas causas, una organización puede fácilmente controlar las consecuencias más importantes.
- Las aplicaciones de este principio son numerosas. No solamente afectan a la empresa, dirigiéndose a su productividad o a sus relaciones con los clientes, sino que también afectan a muchos ámbitos de la vida cotidiana, como por ejemplo a la gestión de un hogar.
- Una aplicación concreta de la ley de Pareto es la gestión de los clientes de una empresa. En una empresa tradicional, a menudo el 20 % de los clientes representan el 80 % del volumen de negocios. Identificando a estos clientes, la empresa puede también dirigir sus esfuerzos hacia ellos para mejorar su rentabilidad.
- El modelo ABC es un modelo relacionado con el principio de Pareto. Hace que éste mejore, ya que tiene en cuenta a las categorías interme-

dias, que provocan igualmente consecuencias, aunque menos importantes, pero que no por ello deben ser ignoradas.

- La larga cola es un concepto complementario al de Pareto, y principalmente concierne a la venta en línea. Con la proporción 80/20 comprobada, una empresa que pueda limitar sus costes —en especial gracias a Internet— puede centrarse, además de en el 20 % más importante, en toda su mercancía, entre la que se encuentran productos poco vendidos.

- Finalmente, la ley de Pareto puede fácilmente ponerse en práctica bajo la forma de tablas y de gráficas, lo que ofrece una visión global del problema y una identificación de los efectos deseados. La empresa, la organización o simplemente el hogar puede de esta forma centrarse en las medidas que hay que tomar para conseguir más eficacia y rentabilidad.

¡Tu opinión nos interesa!
¡Deja un comentario en la página web de tu librería en línea,
y comparte tus favoritos en las redes sociales!

PARA IR MÁS ALLÁ

FUENTES BIBLIOGRÁFICAS

- Anderson, Chris. 2009. *La Longue Traîne. La nouvelle économie est là!* Londres: Pearson.

- Cotter, John. 1995. *The 20 % Solution*. Hoboken: John Wiley & Sons.

- Coyne, Shawn. 2012 "The Pareto Principle Meets the Long Tail". *Steven Pressfield Online*. 16 de noviembre. Consultado el 22 de mayo de 2014. http://www.stevenpressfield.com/2012/11/the-pareto-principle-meets-the-long-tail/

- Dufour, Laurent. 2013. "Efficacité du dirigeant: qu'est-ce que la loi de Pareto? ". *Le Blog du Dirigeant*. Consultado el 22 de mayo de 2014. http://leblogdudirigeant.com/efficacite-du-diri-geant-quest-ce-que-la-loi-de-pareto/

- Juran, Joseph M. 1951. *Quality Control Handbook*. Nueva York: McGraw-Hill.

- Koch, Richard. 1998. *The 80/20 Principle*. Londres: Nicholas Brealey Publishing.

- Le site des profs de vente et de commerce, "Les techniques et stratégies de prospection". Consultado el 22 de mayo de 2014. http://www.lescoursdevente.fr/bacvente/Prospection/Des%20

outils%20de%20segmentation%20des%20
clients-prospects,%20Pareto,%20ABC,%20RFM.
pdf

- Montanaro, Lisa. 2012. "The Power of the Pareto
  Principle (aka the 80/20 Rule)". *Lisa Montanaro.
  Purpose. Passion. Productivity.* 16 de marzo.
  Consultado el 22 de mayo de 2014. http://www.
  lisamontanaro.com/2012/03/16/the-power-of-
  the-pareto-principle-aka-the-8020-rule/

- Reh, F. John. 2015. "Pareto Principle – The 80-20
  Rule". *Management about.* Consultado el 22 de
  mayo de 2014. http://management.about.com/cs/
  generalmanagement/a/Pareto081202.htm

- Better Explained, "Understanding the Pareto
  Principle (The 80/20 Rule)". Consultado el 22
  de mayo de 2014. http://betterexplained.com/
  articles/understanding-the-pareto-princi-
  ple-the-8020-rule/

- Villemin, Gérard. "Loi de Pareto". *Nombres –
  Curiosités, théories et usages.* Consultado el 22
  de mayo de 2014. http://villemin.gerard.free.fr/
  aSocial/Pareto.htm

FUENTES COMPLEMENTARIAS

- Marshall, Perry. 2013. *80/20 Sales and Marketing*. Irvine: Entrepreneur Press.

- Savara, Sid. "The Problem with the Pareto Principle". *Personal Development Training with Sid Savara*. Consultado el 22 de mayo de 2014. http://sidsavara.com/personal-productivity/the-problem-with-the-pareto-principle

www.50Minutos.es

ISBN ebook: 9782806274502

ISBN papel: 9782806285997

Depósito legal: D/2016/12603/535

Libro realizado por Primento, el socio digital de los editores